Rha Byong-Choon

시인 나병춘

나병춘 시집

쉿!

시학
Poetics

■ 시인의 말

명중하고 싶다
나는,

가슴 한복판에
피 철철 흘리며
바르르 쓰러지고 싶다

수천 수만 발의 화살,
다 소진되더라도
붉은 과녁 중심에
한 발이라도 제발,

하지만
욕심으론 결코 안 되더라
실패와 실패를 감고 품시롱
날밤을 꼴딱 새우며
한 발짝 한 발짝
먼 하늘 기별에
다가설 뿐이다.

시여
삶이여
씁쓸하고 고달픈 연애여!

한강봉이 바라보이는 창가에서
2019년 8월
나 병 춘

차례

■ 시인의 말

제1부 바람의 화장법

아모르 파티 · 1　13
아모르 파티 · 2　16
아모르 파티 · 3　18
아모르 파티 · 4　20
아모르 파티 · 5　23
아모르 파티 · 6　26
아모르 파티 · 7　28
아모르 파티 · 8　30
아모르 파티 · 9　32
저 돌　34
물의 화장법　36
바람의 화장법　37
불의 화장법　38
하나가 하나 될 때까지는　39
주름살　42
진도 팽목항에서　44
사금파리의 노래　46
겨울바다　48

제2부 라다크 가는 길

쉿! 51
고비 · 1 52
고비 · 2 53
고비 · 3 54
고비 · 4 55
고비 · 5 56
고비 · 6 58
고비 · 7 60
고비 · 8 62
라다크 가는 길 63
돌 · 1 64
돌 · 2 66
돌 · 3 67
돌 · 4 68
돌 · 5 70
돌 · 6 72
순간의 꽃 73
돌과 달 74

제3부 자작나무 피아노

보름달나무　　79
소금별자리　　80
맨드라미　　81
슬　　82
오동나무　　84
오늘　　86
호수 날아가다　　88
자작나무 피아노　　90
오독·1　　92
모자 쓴 여인　　94
의자　　96
비밀에 대하여　　98
선사박물관 능소화　　100
폭포　　101
감 응　　102
장미　　105
말　　106

제4부 몽고 반점

데칼코마니 호수　111
나팔꽃 속에는　112
13월의 사과　114
선암사 뒤깐　116
그 섬에 가고 싶다　117
와온 바다　120
뒤편　122
몽고 반점　124
파도경　126
변주　128
손바닥　130
달　132
홍시　133
무지개 詩　134
언어　136
이깔에게　138
석류　141
붓꽃　142

■작품 해설 | 송기한　143

제1부
바람의 화장법

아모르 파티 · 1

예수는 술이다
아무도 그 맛을 모르는 술

예술도 술이다
그 멋을 아는 자
몇이 있으랴

맛과 멋을 모르는 자들이
예수에게 함부로 돌을 던진다
제대로 맛을 알아야 술이며 예술이다

모든 것을 뛰어넘는
위버멘쉬
술을 부어라
예술을 부어라

죄 없는 자가 돌을 던져라

예수는 돌더미를 딛고서
씨익 웃는다

웃는 속을
그 누가 알 것인가
웃고 우는 세상
판이 끝나면 모두
바둑통 속으로 사라진다

누가 흑이며
누가 백인가
흑과 백을 모르면서
바둑을 두는가

예수는
바둑판을 뒤엎어버렸다
이 장사꾼 사기꾼들아

돌은 돌이다
바둑은 바둑이다

술도 예술도
사랑이 익을 때를 기다려
술을 마시자

메멘토 모리
아모르 파티*

---

* 아모르 파티Amor Fati : 니체가 말한 '운명愛' , 「즐거운 지식」에서 인용.

아모르 파티 · 2

감당 못할 마그마
활화산 같은
성난 맹수의 포효 같은
아득히 밀려드는
광풍의 해일 같은
아무도 어쩌지 못할
운명,
오도 가도 못할
아모르 파티

뚜벅뚜벅 걸어가리
낙타처럼
용감무쌍하게 맞으리
무소의 뿔처럼
기쁘게 맞이하리
철부지 아이처럼

운명아

어서 오너라

아모르 파티

아모르 파티 · 3

한 잔의 보드카
칭기스칸 속에는
불타는 영혼이 숨쉬고 있다

술을 나누며
빛을 마주칠 때
꺼지지 않는 불꽃이 치솟는다

맑은 하늘에
천둥 번개 치는
날카로운 섬광,

그대와 나
한통속으로 묶어버리는
말발굽 소리
천지를 혼절시키는
동앗줄이 팽팽히 숨어 있다

영원을 마시자
고비의 말, 언덕 너머까지 달리자
영혼의 에센스
아모르 파티

아모르 파티 · 4

나비는 사랑이다
사랑을 찾아 눈 먼 자이다
그의 앞길 막을 자
누구던가

꽃밭에 이슬도 채 마르기 전
꽃술 속으로 스며든다
이슬방울보다
바람보다
먼저

나비는 첫이다
나비는 먼저이다
아무도 틈타기 전에
꽃에게 엎드려 고백해야 하리라

바람이 훔쳐가버릴 향기를

엄청난 수억 년 꽃가루를
훔쳐가야 나비이다
운명을 사랑하는 자

나비를 교과서로 삼아라
그 일거수일투족에 목을 매거라
황금빛 왕오색나비 떼
물결 속으로 침투한다

스파이 중의 스파이
우주의 핵, 클리토리스를 훔치는
저 날갯짓을 보아라
아무도 못 말리는 춤사위
멈출 때를 아는
미학주의자

과유불급

아닌 것은 아닌 것이다
메멘토 모리
죽을 때도 흔적없이
바람 속으로 날아간다

아모르 파티 · 5

비움은 쉼을 낳고

밥을 낳고

잠을 낳고

그 모오든 들숨을 낳으니

만병통치의 조상이며

새끼들이며

잎사귀이며

줄기 뿌리이다

또한 생노병사의 열쇠이며

평화의 지름길이며

자유의 징검다리

삶의 지극한 오르가즘이니

그대여

맘껏 비움과 채움을 누리시라

꼴림과

끌림의 무지막지한

천상의 떨림이여
울림이여
열림이여
어울림들이여
영원히 부활하라
생명의 알파벳 가나다라
평화의 복된 니르바나여
황홀한 무지개 나라여

밀물 썰물의
아득한 합궁이여
그곳에서
해가 뜨고 달이 뜨고
별나라가 펼쳐지나니
마음껏 놀고 배우고
꿈꾸며 사랑하라
우리가 할 일은

사랑과 또 쾌락

감사할 일

그 뿐인 것을

아라바자나

디디디디 디디디디*

---

* '말하는 그대로 다 이루어진다'는 금강경의 주문.

아모르 파티 · 6

먼지들 보이지도 않는
저것들이 끌어당긴다
나비도 벌도 응애도
그 손에서 벗어날 수 없다

저 보이지 않는 손길에
나도 머뭇
머뭇거리며 탐한다
단 한 번 본 적 없는
들은 적도 없는
알 수 없는 꽃에 끌려서
그 빛나는 결정체를 찾아서

오늘 내일 언제까지
찾아 댕길 건가
그 무욕한 먼지
아무도 가질 수 없는

허무의 알 수 없는 무게
그 빛깔 그 향기에 끌려서

나는 향수*의 주인공이 되고
나비가 되고 말았네
먼지의 황홀에 젖어
나도 먼지가 되었네
아무도 알 수 없는
누구도 볼 수 없는

---

*파트리크 쥐스킨트의 '향수'.

아모르 파티 · 7

부는가 모르게 바람 불고
오는가 모르게 비가 오시네
깡 말랐던 땅이 먼지 날리며
소낙비 맞이하네
땅의 말씀을 가만히 지켜보노라니
그냥 풀풀 먼지의 춤을 출 뿐이네

반갑네 고맙네
그런 쓰잘데없는 말도 필요 없는가 보네
오는가 모르게 저녁이 오고
부는가 모르게 하늬바람 불고
깡말랐던 내 눈시울도
촉촉이 뭔가 모를 어둠이 밀려와
포스근히 감기네

가슴 속 응어리에서
꽃봉오리 쏙 뚫고 나오듯

간질간질 가렵기만하네
가는가 모르게 하루가 가고
부는가 모르게 건들바람 불고
베개도 없이 그저 그냥 나도 누워버리고

아모르 파티 · 8

파도는 맨발이다
맨발이라 달빛도 햇살도 질끈 밟는다
바람도 무서운 듯 도망간다
먼 등댓불도 묵지근히 가물가물하다
맨발로 달려와 알몸으로 부서진다
아무 스스럼없이 애무한다
끊임없는 안타까움으로 부서지고 깨진다
같은 동작 같은 언어로
똑 같은 춤으로 변함없이
부서지고 깨지고 까무러친다
시간에게 공간에게
오체투지 무릎 꿇는다
또 다시 항거한다
파도는 맨발이다
눈멀어 무서울 게 없다
귀먹어 떨리는 게 없다
맨발이라 영원히 주인이다

천국과 지옥도 그 앞에 무너진다
아무 가진 게 없어 망설일 것 없다
파도는 온통 푸른 알몸이라
사랑을 안다 전혀 모른다
막무가내 달려들어 한통속으로 뒹군다
깨지고 바스러지고 허허허 웃는다
하얀 거품 안고 쓰러지다 다시 일어선다
맨발로 달려와 맨발로 되돌아간다
되돌아가다 뭔가 안 잊히는 듯
미련처럼 또 다시 돌아온다
불러도 불러도 가버렸다
부르지 않아도 달려온다
짠한 알몸으로 바보같이 서러움같이
그래서 파도는 사랑이다 이별이다
오래도록 잃어버린 꿈이다
영원한 불완전 동사,
지금 여기

아모로 파티 · 9

이 일을
어이할꺼나
수평선 저 멀리서
별들은 손짓하는데
깨소금 장수 달빛은 쏟아져
섬그늘에 쌓이는데

잊어도
못 잊어도
결코 못 태울 노래
달 뜨고
해 지고도
잠 못 드는 섬 섬 타는 애간장

지우려
지우려 하여도
어쩔 수 없는

어쩌자고 노을강

이어도

이어도

돌고 돌아라

멈출 줄 몰라 도는

소금 맷돌아 돌아라

이어도

이어도

그 누가 멈출 거냐

아모르 파티

저 돌

바람의 발가락
구름의 머리털
시냇물의 허파
다람쥐의 뇌
멧돼지의 심장
황금말의 갈기
노을의 황금의자였을까

두리뭉실한 허리는
어느 숫처녀의 엉덩이,
달 속에 박힌 돌은
얼마나 자유로이 달아나고 싶었을까
숭숭 구멍난 상처들은
어느 캄브리아기 지층의 새우 눈물이었을까

어찌하여 시방
나의 손바닥에 구르는 중이냐

누구의 물음표이며 느낌표,
못내 궁금하여 물수제비 던졌더니
통. 토. 동. 몇 발짝 허공을 뜀박질하다

모르는 하늘로 날아가
박히는 저 돌멩이,
저돌적이고 둥그런
심연의 메아리

물의 화장법

아무나 흉내낼 수 없다
저 도저한 변장술
천둥 번갯불도 담아 슬쩍
단풍산도 가져다 슬쩍

훔쳐도
훔쳐도 모자라는
에스라인 화장법

(왜 사람들은 안달이 날까?)

바람의 화장법

봄은 봄,
여름은 여름답게 치장한다
가을엔
내려놓으라 비우라 스산하다

겨울은
천하대장군
그의 말은
곧 법이다

불의 화장법

잘 참았다 한 번 폭발하면
천하장사도 못 말린다
모든 걸 태우고도 모자라
저녁놀까지 화알활

단번에
꽃으로 변장시키는
자비로운
폭군

하나가 하나 될 때까지는

얼마나 많은 기다림이 있는가
얼마나 많은 눈과 비와
태풍이 몰아치는가
하나가 둘이 되고
둘이 셋 될 때까지는

또 얼마나 많은 한숨과
눈물과 핏방울
쏟아내야 하는가
또 다시 셋이 넷이 되고
넷이 셋이 되고
둘이 될 때까지는

얼마나 많은 전쟁이
지나고 봄은 오는가
둘이 또 하나 되고
또 하나로 온전히 남을 때까지

우리는 흔히 사랑이라 하지
이별이라 하고 또
외로움이라고 하지
애기괭이눈 현호색
개불알풀 함박꽃 그리고
변산바람꽃의 평화

하나가 여럿 되고
또 여럿이 하나 될 때까지
가족이라 하지
또 이웃이라고 하지

하나가 온전히 하나로 남아
칠흑의 별이 될 때까지
우리는 밤이라고 하지
찬란한 아침이라고 하지

그대는 인생이라 하고
그래도 나는
결코 잊을 수 없는 소풍이라 하지
죄 없는 아이들은 그렇게
미안해 말라 하며
소리 없는 손톱자국으로 떠나갔지만

주름살

농부가 쟁기를 가는 것은
들판에 주름을 만드는 일이다
이랴 이랴!
고요 속에 퍼지는 파장
소의 큰 귀가 펄렁거리며 땀방울 쏟을 때
밭에도 부드러운 귓바퀴가 돋아난다

주름과 주름들이 멀리 멀리
파장을 이어가
먼 지평선과 맞닿을 때
농부와 소는 너무 멀리 온 것을
깨닫고
붉은 종소리 해그림자 밟으며
천천히 되돌아온다

내가 백지에 글자를 심는 일도
이랑에 씨앗을 뿌리는 일이다

행간과 행간 사이 새로운 입술을 만들어 속삭이면
들판에 쟁기를 가는 소처럼
주름들이 메아리치기 시작한다
새로운 눈과 귀가 생기고
난데없는 파도가 일어나고
먹구름이 북동쪽으로 미끌어지더니
뜬금없는 소낙비가 좍좍 긋는다

삶은 끊임없이 주름살을 만드는 것
들판에 죽죽 그어지는 살이랑들
백지에 아롱거리는 피어린 눈물방울들
이마에 주름지듯 바람결에 일어섰다
낌새도 없이 스러진다
꿈꾸는 이랑이랑
천지현황 우주홍황* 주름살들
금강에 살어리랏다

---

* 천자문 첫머리 인용.

진도 팽목항에서

진도 앞바다 어디쯤
우리가 애타게 찾던 항구가 있다
바다가 버린 섬
섬이 버린 파도,
파도가 뱉어낸 외로운 소라가
소라 속에는 꿈꾸는 하늘이 맴돌고 있다

붉은 노을 입맞춤하는 수평선엔
가끔가다 새들이 날고
통통배 지나가면
길 잃은 새 떼처럼 어디론가 귀소하고 싶은
개구쟁이 혼불들이 산다

공을 안고 뒹굴던 운동장이
낮으막한 슬레이트 처마들이 옹송거리고
등대가 서서 잠들던 칠판이 산다
그리다만 반쪽이 통통배가 살고

어깨가 부서진 분필들이
싸늘해진 엄마 손바닥 찾아 나뒹굴고 있다

진도 팽목항에 가면
철썩철썩 파도 선생이 회초리 때리는
아스라한 벼랑이 살고
벼랑 아래 곳곳엔 숭숭 구멍이 뚫려
하얀 알들이 어미 새 기다리는
서러운 사월이 산다

항구를 조심스레 엿보던 눈썹달이
아스라이 멀어진 수평선 찾아
구불텅한 섬 기슭에 빙빙 숨바꼭질하면
시퍼렇게 멍든 파도소리 선소리로 하늘거린다
섬은 시방
살고 싶다

사금파리의 노래

정에 맞아 날아가는 파편
최초의 비상이다
이제야 비로소 자유로운 몸이 되었다
돌에 갇혀 옴짝달싹 못하던 내가
이렇게 홀가분하게 떠날 수 있다니
파도 물살에 반짝이는 몽돌을 보라
돌멩이는 돌멩이끼리
소라는 소라끼리 부딪혀
마침내 빛나는 사금파리 되었다

바닷가 모래사장에 가보라
깨진 것들이 어깨에 어깨를 걸고 스크럼 짜며
아무도 범하지 못할 자유를 누리는 것을
바람에 불려가면서 파도에 쓸려가면서
또 하나의 날개가 되어
날개 없는 것들을 부르는 것을

가없는 백사장에 누워 사랑을 속삭이는
돌멩이 소라껍데기 청춘남녀들

그들도 또한 부서진 파편들이 아니겠는가
에미 애비의 정에 맞아 정에 굶주린
저 뻐드렁 송곳니를 보라

휘몰아치는 돌풍에
으스러지는 파도의 절망에
모래는 모래로
눈물은 눈물로 서로 안쓰러운 듯 포옹한다
성난 파도 서로서로 바스러지며 한통속 되어
아무도 거스를 수 없는 수평선을 이룬다

깨진 것들은 이렇게 아무도 알지 못할
작은 이슬방울이 되어
텅 빈 영원을 날아
은하수 오로라로 피어나리라
끝도 갓도 없는 날개
못다 한 날개의 영혼으로 메아리치리라

겨울 바다

섬 기슭 모래사장에는
사랑해
아무개야! 죽도록 사랑해
할 말이 많지만

눈 먼 파도 밀려와
싹 지워버린다
애꿎은 눈보라 불어와
깨끗이 삼켜버린다

새 발자국 연인들의 발자국 지워진 자리
순정한 백지 한 장 아득히 펼쳐 놓는다
맘껏 뒹굴다 가라고
온 마음 털고 가라고

오체투지 숨죽인 채 엎드려있다
깊은 회한과 황홀한 소망 속에서

제2부
라다크 가는 길

쉿!

이건 비밀인데요

봄이 날 품었다
알 수 없는 통증이
쓰나미로 밀려와 메아리쳤다

몸에서 새치름히 새싹이 돋아났다
한참 후 붉은 꽃이 피었다

봄이 씨익
웃는다

고비 · 1

기다림과 그리움이 만나면 무엇이 될까
그리움과 허공이 만나면 무엇이 될까

바람과 바람이 만나서 저 능선이 될까
능선과 구름이 만나서 저 신기루 될까

신기루와 발자국이 만나면 오아시스 될까
발자국 은하별 뜨면 그대가 될까

고비에 가면
별,
꽃으로 펴 있을까 춤사위들

고비 · 2

고비의 뒤편이
달
달의 뒤편이 고비이다

달이 보고 있으면
모래 바람이
어디선가
서걱서걱
사샤샤샤 삭,

불어온다
달은 고비 뒤편으로 숨는다
그래서 나는
사라진 엄마를 찾아

길을 잃고 헤매는
아기사슴 '라니'*가 되어

---

* 한동안 아기 고라니와 한 지붕 아래 산 적이 있다.
 이름을 '라니'로 지어 불렀다.

고비 · 3

순간과 순간이 만나
모래 언덕이 되었다

언덕과 산정이 만나
혼불이 되었다
흑점 뒤편으로 사라지는 태양
더불어 어둠이 왔다
어둠과 칠흑이 만나
미리내가 되었다

광막 너머 흐르는 지금들
그곳에 모래가 있다
모래는 쌓이다 흩어지고
흩어지다 내일이 되고
모레가 된다
모래산 너머 그 너머

파랗고 환한 큰곰자리 거기
별을 쏘는 당신이 있다

고비 · 4

에로스의
날개들

달빛 아래 잠들어 있다
저 속에 꿈틀거리는
야생의 푸른 갈기
언제 갑자기 일어나
광풍을 휘날릴지 모른다
천 년 만 년 못 다한 황금의 꿈들

소스라치게 일어서서 포효할
라니의 그 날들

고비 · 5

그림자는
모래 한 알이다
아니다
지평선까지 닿는 그리움이다

한밤 꼬박 새운 별자리들이
우박처럼 쏟아지는 밤
고비네 그림자들은
게르 속에 숨어서
도란도란 없는 계란을 거꾸로 세운다
계란들이 터져서 온통
지평선 빨갛게 물들일 때까지

그림자는 일어나 먼 지평선을
멀거니 바라다본다
오늘은 어디까지
꿈꾸던 고빗길이 될 것인가

간밤에 거꾸로 섰던
그림자 지우며 지우며

바람이 비워둔 길을 간다
붉은 태양은

고비 · 6

능선 위에
영원이 누워 있다
어둠이 누워 있다
별들이 내려와 눕는다
영원 밖에
아무것도 없는 모래언덕,

영원은 영 원,
제로다
돈이 필요 없는
삶과 죽음이 없는
너와 내가 없는
절대 허무
동그라미

0원으로 누워서
공짜로 공기를 마신다

공짜로 별과 달을 마신다

내일 아침엔

공짜로 해가 뜰 것이다

영원인 것은 늘 0원이다

소소리바람처럼

그 바람에 휩쓸려 날아오르는

독수리처럼

단지 그곳에서 노래하고 춤추리라

고비 · 7

안내 표지판도
길도 경계조차 없다

없는 길을 내고 가는
짐승의 발자국들
눈도 코도 귀도 다 닫고
새로운 땅과 별자리의 약도를
실눈으로 가만히 읽어야 한다
낙타나 망아지 양떼들처럼
양떼 새털 뭉게구름이 되어
백지에 뒹굴어야 하리
철부지 아이 되어
울고 웃다 울부짖어야 하리
저 아득한 구릉
꽃들이 손짓한다
별들이 윙크한다
모래바람이 키스한다

똥들도 모두 똥인 채
모락모락 군불을 때며
한 식구 한 형제가 되리
알몸으로 뒹굴어야 하리
낙타 한 마리 지나갈 때까지

별들도 함께 지나가도록
바람만이 얼씨구 춤추도록

고비 · 8

소라를 귀에 댄다

고비 바다 광막한 파도소리
아득히 메아리친다
껍데기 회오리 길에
구비 구비 버려진

저 동그라미 엇박자들
라니는 한동안
걸음이 불편하였다

라다크 가는 길

강가에 길이 따라갑니다
그러다 뚝, 끊겼습니다

간밤에 폭우로
바위산이 무너져 내렸습니다

굴러내린 바윗돌이 떠억
돌부처처럼 앉아 있습니다

탁류는 본성대로 콸콸
지청구 쏟아내며 갑니다

어쩌는 수 없군요
기다릴 밖에

옆에서 해당화가
철없이 웃고 있네요

돌 · 1

돌멩이는
날아가고 싶다

아무도 모르는
한적한 바닷가
타향을 찾아서
항구나 터미널마다
장례식장 영안실에도
그토록 많은 인연들이
오고 가는 것인가
어슬렁 어슬렁
시냇가 거닐던 얼굴들이
자기 똑 닮은 돌멩이 하나 주워
깊푸른 파도 속으로
통. 통. 통.
물수제비 날리는가
끼룩 끼루룩 날아가는

기러기 떼
아슴프레 노을빛 울음소리

후렴 끝
연분홍을 찾아

돌 · 2

어떤 돌은
라니 눈동자 닮은 느낌표
어떤 돌은
백로처럼 고갤 쑥 내밀고
물음표로 앉아 있다
어떤 돌은 가랑잎 같은 쉼표
또 다른 돌은 말없음표,

어떤 바위는 슈베르트의 겨울나그네 얼굴
다른 놈은 비발디, 사뿐사뿐 손가락 건반이다
아니 고 옆은 반 고흐의 붓
파도처럼 박진감 넘쳐 춤추는 불꽃
도대체 마음이란 요상한 돌은

어디로 가는가
이 뭐꼬?

돌 · 3

돌의 지붕은
끝없는 허공이다

해와 달과 별자리가
보초 서주는 까닭에

맘 편히
잠드는 돌맹이

새가 찌익
깔기고 가도

돌 · 4

그대 계단에는
헤아릴 길 없는
상처 자국뿐
바람의 계단을 지나
안개의 계단 건너
천둥 번갯불에 함뿍 데였다
무지개 불꽃 춤을 추다
백설의 난장판을 지나
잎새들의 음계에 잦아들어
장대비의 건반과
시간 가는 줄 모르고 노닐다

봄 가을 징검다리 건너
갈대 으악새 한숨을 넘어
천 년 연밥 무릎 꺾고 잦아들 무렵
다시 칼날 서릿발 거슬러
연어처럼 회귀하는 인연의 계단에서

나비들이 꽃인 양 앉았다

느개처럼 사라진다

언제쯤 다시

오려는가

저 망촛대 흐드러진 모랭이골 길을 지나서

돌 · 5

침묵 속에
고여 흐르는
하늘과 땅 바람소리
햇살과 달빛 별빛이
하나로 응결된
강물
심연에
환한 어둠
결코 스러지지 않는 별자리

탐방 탐방 통통거리며
물결이 몰래 눈물처럼 휘감다
딱 멎은 그 자리
천년 바위 올연한 자세
누가 이 후미진 곳에
버려두었을까

한때는 사랑
처절한 절망
그리움이었을

산양처럼
외로운 나여

돌 · 6

냉엄한 시절도
폭풍도
다 고만고만

다람쥐가 놀다 가도
새가 앉았다 풀썩 떠나도

시작도 끝도 모르는
이 우주 한가운데
홀로운 그림자 응시하는

그냥
중심이었다
누가 뭐래도

순간의 꽃

이 하얗고
단단한 돌에
누가 난을 쳤을까

아무도 함부로
지울 수 없는
바람의 춤

가을볕 여울소리가
뼈에 사무친
순간의 꽃

돌과 달

허공에 떠가면
달이다
땅에 떨어지면
돌이다

돌. 돌. 돌. 구르는 소리
달 굴러가는 소리
딱, 소리가 멈추면
침묵의 돌

달은 허공을 환히 비추어
희망을 노래하고
땅바닥에 옴짝달싹할 수 없는 돌은
절망을 되새긴다

나는 달 속에 숨은
텅 빈 절망을 찾아

돌 속에 가만히 구르는
소리의 희망을 찾아

오늘도
새벽을 홀로 달린다
달리므로 나는 달
딱, 멈추어 뒤돌아보면
나는 돌

돌과 달 사이
그 아득한 거리를
헤매는 중이다

제3부
자작나무 피아노

보름달나무

보름달 아래
나무를 심었다
배롱나무를 심었다

매미소리 쏴아아
폭포수로 쏟아지고
배롱꽃 향내 물씬 풍겼다
보름달 둥실둥실
떠가고 있었다

매미소리도 잦아들고
배롱나무는 간지러운지
도둑고양이처럼 울었다

보름달
한 그루 심는
적막한 밤이었다

소금별자리

육신을 위한 양식으로
지상에는
햇볕에 그을린 소금이 있다면
영혼을 위한 양식으로
하늘엔
어둠의 빛으로 담금질 된
소금별이 있지

목마르고 고픈 불면의 밤
빈 은하 자꾸만 배회하노라면
손짓하며 빙그레 웃는 별자리들
내 전생은
아마도 오리온 별자리 아니면 카시오페아

마냥 보라꼬 있다 보면
속 끓이던 번뇌들 나비처럼
쿠푸쿠푸 슬그머니 사라져버리니
내 마음의 고향은
저 훤한 소금별자리

맨드라미

약 오른 싸움닭

혁명의 깃발들
땡볕도 슬금슬금

도망간 탱자울
무슨 음모 꾸미나

구부정 달
쭈뼛거리고

바람난 음부 같은

슬

누가 슬다 갔을까
이슬 머금은 잎사귀 뒤
아스라한 벼랑에
채 마치지도 못한
슬다란
동사,

누가 감히 '슬다'를 훼방 놓았을까
저 물푸레나무 열 시 방향
작은 가지에서
곤줄박이 하나가
부리에 소음 한 알
슬고 있다

'슬다'와
'슬프다' 사이
스카이블루 물푸레로 춤추고 있다

저 낮달은
우주 모퉁이에
누가 슬었을까
슬슬 걷고 있는
이와 저 무릎
슬하 사이

오동나무

오동나무 가얏고가 저러코롬
보랏빛 향기로 울리는 것은
다 까닭이 있으리라

오독오독
독한 오기로 앞강물 뒷강물
세월 네월 견디었을 것으므로
열두 줄에 새긴
열두 달의 기록들

고스란히 안은 채
속울음 풍경소리 되새 떼처럼 풀어놓을 때
봉황새도 어디선가 날아와
적막한 품에 고이 깃들었으리라

영혼의 상처들
오독오독 잘못 씹은

궁. 상. 각. 치. 우.
태곳적 묘명한 바람소리

허허실실 서리서리 명주실에 탱탱히 실려와
세반고리관 밀실에 부려놓았으리라

오동오동 너훌너훌
별무리 달무리 빙글빙글 둥기덩 덩기덩기
한밤 지새도록
꽃살문 한지창에
나긋나긋 대숲바람
빗금소리

오늘

도끼 같은 보석
자전거
독수리
안개 혹은 소낙비
바늘귀 낙타 같은
사막 파도 모래언덕
팔딱거리는 회오리
씩씩한 돌고래

금세 왔다
뜬금없이 사라져버리는
늘 쏠쏠하고 쓸쓸하고
고독하고 비릿한
풀등나라 소금
백사장

버려진 낙서들

보석처럼

눈동자처럼 파랗게

반짝거리며 눈 뜨는

달개비

오

늘,

호수 날아가다

 호수에 청둥오리 한 마리 날아들었다 호수에 또 한 마리 날아들었다 또 한 마리 또. 또. 한 마리 호수는 와락 끌어안았다 산도 뛰어들고 태양도 뛰어들고 나무도 꽃도 고라니도 뛰어들었다 호수에 물오리와 숲과 나무와 꽃들이 한정없이 춤을 추었다 물론 고라니도 첨벙거리며 춤추다 문득 호수 밖으로 뛰쳐나갔다

 꽃들이 뛰쳐나갔다 나무들도 태양도 뛰쳐나갔다 청둥오리 하나가 날아갔다 또 한 마리 날아갔다 모두 날아가버렸다 둥근 달 하나가 동산에 떠올랐다 호수에 달 하나가 첨벙 뛰어들었다

  호수는 밤새도록 소란하게 고요하였다
  달도 웃다 울다 호수가 되었다
  아무 일도 일어나지 않았다
  온통 캄캄하고 환한

호수가 한 마리 어디론가 날아가버렸다
달나라 뒤편인가 어딘가 통,
알 수 없었다
적막한 바람소리뿐

자작나무 피아노

자작나무가 버려진 피아노를 뚫고 솟아났다
피나는 싸움도 있었으리라
초록 잎사귀 화살촉들이
완강한 건반을 통토동 와지직,
위로 위로 태양을 향해

상처 어루만지느라 밤새도록 울고 울었으리라
눈물방울 하나 하나 옹이 나이테가 되어
매듭을 짓고 산과 강물을 그리고
악보를 먹으며 자랐으리라

저 하얗고 푸른 자작나무 그늘 아래
뜯어진 건반들의 실내악을 보고 싶다
끊어진 현 속으로 잦아드는
천둥 번개의 춤사위들

보름달 뜨면 나자리노 늑대가 울어쌓는

모데라토 알레그로 비바체 칸타빌레
못다 한 곡조들

가을 단풍 그늘 아래 캉캉 발레로 흩뿌리며
하얗고 푸른 백조가 되어
자작나무 붉고 노란
날개 타고 날아 오르리라

별자리 높은음자리 낮은음자리
딱다글 딱다그르륵 사물놀이 장단에 맞추어
달항아리 요리 조리 찍어내는
왕오색딱다구리 옹골찬 눈망울 되어

오독 · 1

누룽지를 보라꼬 있다 보면
자꾸만 누렇게 그을린 얼굴
누렁이 색깔로 바래지는
보송한 무명치마 냄새,
숭늉을 훌훌 마시고 싶다
둥두렷 떠오른 한가위 보름달
오늘 밤은 누룽지 한 판
날 유혹하는구나
저 달을 오독 오도독
씹고 싶다

보름달을
누룽지로 오독하다 보니
침이 혓바닥에 스미고
눈시울로 자꾸 번지다
막걸리 사발에 불콰하니 번지는 달무리
둥근 달의 허기를 마신다

어디선가 솔바람에 섞이는
소슬한 단소 소리
세월가 부르다
오도독 흥얼거리는 콧노래

못내 꿀꺽 삼키다
달밤에 엇둘 엇둘
체조하다
꾸벅,

어머니
그곳에
잘 계시지요?

모자 쓴 여인

모가지가 길다

손가락도 길다

머리칼도 치렁치렁 허리를 덮었다

긴 생각 감추려 모자를 썼다

길쭉하고 둥글고 큰 모자

푸른 빛 날카로운 눈매

손가락 타악기들 붉은 볼 두드리며

과거를 뚫어지게 바라본다

과거 속에 모든 열쇠가 숨어 있는 듯

목이 긴 과거

손가락이 긴 과거

치맛자락 펄렁거리는 과거

머리칼 검은 과거

과거가 모자 아래 숨 쉬고 있다

모자를 벗으면

과거가 몽땅 달아나버릴지도 몰라

모자를 꼭 붙잡은

긴 손가락 긴 머리칼

날카로운 푸른 눈매,

과거에서 미래로 곧장 날아가는

파랗게 젖은 나비 한 마리

긴 꼬리 꽃잎

청띠제비나비 한 마리

소스라치게 솟아오른다

긴 콧날 긴 손톱

구불구불 머리칼 벗어났다

검고 푸른 창밖

과거는 이제 없다

모자도 어리둥절 말이 없다

오늘은 시방 어디 갔지?

의자

이 세상은 의자가 통치하고 있다
그래서 사람들은
죽을 둥 살 둥 모른 채
의자싸움으로 날밤을 새우나 보다

의자이기를 포기한 의자가
호수에 둥둥 떠 있다
달이 휘둥그레 의자 주변을 맴돌고 있다
의자에 푹 주저앉았다
죽어서도 의자는 호수 의자인 채,
손톱달 칭얼거림을 밤새도록 지키고 있다
해가 떠오르자 넙죽 구명정 끌어안고
오늘로 실어나르고

나와 당신은
서로에게 의자
의자만큼은 결코 양보할 수 없지

태양과 달 호수에게도
그 누구에게도

잎사귀 열매 꽃들의 의자나무
태양과 구름과 허공과 새들의 의자인 땅

의자를 집어던지면 세상은 평화로워질까
전쟁도 기아도 슬픔도 다 잠재울 수 있을까

비밀에 대하여

불어터진 막대빵
숨막히는 호기심
밤비에 젖어 울고 있는 처녀

떨리는 눈물방울 속에 떨어지는
뿌연 젖무덤
밀어버리고픈 머리카락
퍼렇게 비수처럼 스미는 비린내
말랑말랑한 뻘밭 틈바구니
아수라장에서 벌어지는
회오리바람이 있다
역류하는 욕망의 엑스터시
칙칙폭폭 비밀 터널 빠져나가는 기적소리
밀교의 문에서 터지는
거친 숨소리,
아, 스파이들의 숨막히는 반역이 있다
눈밭에 뒹구는 야생마들의 치정

펑펑 쏟아진 눈밭 얼어버린 한 마디 말
부드럽게 흐르던 뱀이 서늘히 누워
신비로운 한 줄 시
구름 위에 쓰다가 문득
밤하늘 긋고 가는 별똥별 하나
개똥벌레 휙 날아가버리는
4막 5장에 나오는 여주인공
밀실의 비명

골짜구니의 찔레향 피어오르는
별. 별. 꽃송이
치명적인 가시꽃
눈물꽃!

선사박물관 능소화

뼈의 집
살의 집
피의 집이다

터질 듯한 울음소리 어디서 왔는가 풍문 모르는 바람나비에게서 구구단처럼 구멍난 현무암에게서 혹은 구불구불 한탄스레 흐르는 한탄강에서 흘러흘러 왔으리 날아날아 왔으리 흩어지고 모여서 소풍처럼 난데없이 저 천둥 구름과 바람개비, 그 속을 가르는 46억 광년 태초의 번갯불 지평선을 떠메고 날아오르는 가창오리 떼 오르고 오르다 마침내 추락하고 말았으리 붉디붉게 지쳐 쓰러진 노을빛 모자들 비릿하게 나의 발걸음을 절뚝거리게 하였으리

저 쓰잘데없이 거룩한
붉디붉은 활화산들
황홀하게 서러운 입술들
마그마처럼 흐르고 흘러
내 폐혈관에서 폭발하였으리

폭포

무지개 돌고래 아래
수직의 남근과
소용돌이
옥문

천지간
황홀한
에로티시즘

눈 캄캄 귀 먹먹
한통속으로
와르르,
벼랑이 무너지다

아, 처절한
절정

감 응

천애 벼랑 아래
북극에 사는 이누이트의 이글루처럼
한 켜 한 켜 은빛 수정의 얼음집 지어가더니
혹한과 눈보라 속 호올로 애통터지는 한숨소리
갈고 깎고 다듬어내어
어느 날 문득 저리도 청아한 여울소리 흘려보내고 있으니

동안거 속에 스스로 갇혀
하늘의 이치를 깨친 어느 노승의 죽비처럼
햇볕 연두 영그는 날
허물고 버리고 내동댕이치며 세상을 향해
조용히 타이르는 소리
와장창 깨버리는 소리
아무것 치장하지 않은 날것의 소리

수염도 거웃도 절로 빠지듯 모든 걸 텅 비우듯 꽉 채운 소리

천둥 번갯불 닮은 안개도 기웃거리며 엿듣는
　아는 이만 알고 얼씨구 워매 좋은 거 탄식하는 소리
　장딴지 홍당무 되도록 두드려대며 장단 맞추는
　산벚꽃 달궁도 몸이 달아 삼천궁녀처럼 화르륵
투신해버리는
　진달래 연달래도 술도 마시지 않고 그냥 벌게지는
소리

　새소리 물소리 바람소리 햇볕의 발자국까지 버무려
　천년 발효시킨 감로주 닮은 홍타령에 감응하여
　계곡 아랜 꽃마리 처녀치마 꿩의바람
　홀아비꽃대 노루귀 노루오줌 현호색 작은부채
　은방울 금낭화 괭이눈 까마귀오줌통 쥐오줌풀
　형형색색의 코와 귀와 눈으로
　꽃비 펄펄 날리는 천고의 한소식 들으러 몰려들고
있으니

나도 뒤질세라 동고비 곤줄박이 흰배지빠귀 검은등뻐꾸기 무리에 끼어
 손발 씻고 오체투지 넙죽 엎디어
 더께 낀 눈과 귀 이슬빛 향기로 헹구어내고 있으니
 어디선가 울려 퍼지는
 물북소리 달과 별의 심장소리 개구리 울음소리
 하늘과 땅과 온갖 새와 짐승들이 밤새도록 함께 어울려 상운하며
 어화둥둥 얼씨구 닐리리맘보 춤을 추나니
 하늘과 땅과 온갖 짐승들이 밤새도록 함께 어울려 빙그르르 돌며
 어화둥둥 지화자 춤을 추나니

장미

가시내야
가시내야
가시내야

천형의 내를 건너는데
그토록 간절했던 것이냐
바늘보다 더 날카로운
초록초록 가시들

빗발치는
각
혈
!!

말

잉크 속에 푸른 파도가 산다
술잔 속에도
그대 입술 속에도
숨쉬는 바다가 있다
소프라노 테너가수나
피아니스트 속에도
오색무지개 윤슬들,

저녁 늦게 귀가하여
가슴속에 몰래 품고 온
하루치 바다를 풀어낸다
갈매기 울음소리 몰래 묻어 온
허연 물거품 아득한 섬기슭 신음소리
수평선 목울대 넘나드는 뱃고동소리
집어등에 끌려들어온 파도 지느러미
그 현란한 춤사위들,

새벽 어시장 경매장에서 펄떡거리는
파도는 어디론가 풀어놓아야 한다
노을 서쪽 달기슭의 나라
깊고 깊은 뻘 속으로
초록 지느러미 펄렁거리며
별자리 등대 삼아 끊임없이
달려가야 한다

제4부
몽고 반점

데칼코마니 호수

산은 때로 엎어질 줄도 알아야
산이다

맑은 호숫물에 바짝 엎드려
목 축이는 산

목마르면 목마르다
바보처럼 칭얼댈 줄 알아야 산이다

치장하던 허울
가차없이 버리고

겨울 벌판에 서서
먼 지평선 무심히 건너다 볼 줄 알아야
산다운 산이다

나팔꽃 속에는

저 나팔꽃 속에는
천둥번개가 살고 있다

저 나팔꽃 속에는
뿌연 안개빛 산능선이 숨어 있다

저 나팔꽃 속에는
컹컹컹 짖어대는 이웃집 개도 쉬고 있다

저 푸른 나팔꽃 속에는
가을 밤 다 부르지 못한 귀뚜리 노래가 둥지 틀고 있다

저 보랏빛 나팔꽃 속에는
휘청휘청 취한 휘파람소리 희뿌연 가로등 아래 아직도 걸어오고 있다

저 구불텅한 나팔꽃 줄기에는
나비의 못 다 춘 춤사위가 아직도 나팔나팔 쿠푸쿠푸 날아오르고

아 저 나팔꽃 속에는
애벌레의 애벌레 그 어미의 어미들이 애비도 모른 채 알 슬고 있다

13월의 사과

 아무도 모르는 깊고 푸른 계곡에서 코스모스 흔들리는 시냇가에 발 담그고 바라보는 저녁 노을 우적우적 씹어먹어 보자 사과는 13월에 먹어야 제격 그 맛은 아무도 모를 거야 시냇가에 누워 보자 물요정들의 물레방아 돌리는 소릴 자장가로 들으며 사과를 덥썩 반으로 쪼개어

 너 하나 나 하나는
 13월의 사과가 되어 붉게 물들어가고
 시커먼 도둑 같은 밤이 오면
 아스라한 동굴의 사과 한 알이 되어
 썩은 듯 미로 속에 들어
 천년 와인처럼 검푸르게 발효하는 일
 향기와 색깔과
 모양새는 천사들만이 알고 있는 비밀,
 알쏭달쏭 전설을 엿듣고 싶거들랑
 자신도 13월의 금요일이 되는 수밖에

오늘처럼 볕살이 좋은 날에는 붉게 물든 13월이나 되자 햇살이 되고 안개 폭포가 되고 드맑은 개여울 쉬리가 되고 한들한들 코스모스 꽃밭 아무도 모르는 슬픈 황홀, 13월이 되자 붉은 그리움 아무도 훔칠 수 없는 눈물겨운 금기가 되자

선암사 뒤깐

대변大便을 눈다
편便한 자세로
아무 생각 없이
똥을 누는 뒷간은
나의 호젓한
성소聖所

이 세상 모든 근심이
한 덩어리로
똥! 통!
타. 당.

파안대소
급
전
직
하

그 섬에 가고 싶다

둘레가 모두 길이며
모두가 길이 아닌
아무도 모르는 곳에 가서
한 달포 머무르며
아무런
일 없이 빈둥거리며
놀고 싶은 섬

하루는 책을 보고
또 하루는 낚시하고
하루는 달이랑 연애하고
또 하루는 그냥 낮잠 자고
해보지
못한 일 하나 하나
차근 차근 버리고픈

아무도 간섭하지 않고

아무도 잔소리 않고
그저 무연히 파도 앞에서
텅 빈 나로 머무는
알몸이
그저 흔들거리는
홀가분한 빈 배

아무것 걸치고 않고
소유하지 않고
노래하지 않고
그 무엇 탐하지 않는
껍데기
홀렁 다 벗어던진
몽돌이나 되어

한 마리 게가 되어
한 마리 물떼새 되어

한 마리 소라,
한 마리 파도나 되어
아득한
모래톱에 뒹구는
환한 산호백사

한 오백년 꿈꾸며
사랑하고 잠들며
그냥 텅 빈 그대가 되어
둥그런 이응이 되어
어울렁 더울렁
어헐쑤

와온 바다

바닥은 서로 맞부딪혀야 소리가 난다
손바닥도 혓바닥도 서로 맞잡아야 한다
손이 혀가 되고 혀가 발바닥 될 때까지
부비고 쓰다듬고 핥아주며
바닥에 기대어 하나가 될 때
비로소 사랑이다

바닥이 바닥을 기대지 않을 땐
이미 떠나간 눈물
달콤했던 추억을 시시때때 먹고 사는
인생의 맨바닥
바닥이 저절로 잘 기대고 스며들어
손도 발도 키스도 쪽쪽

시원 상큼한 소리
뻘바닥이야말로
가장 낮으며 고귀한

천국에 이르는 칠흑 황홀
혀가 손이 되고 쿵작작
발바닥 장단이 되리

바다라는 말은
바닥에서 태어난 말
수천만 마리 푸른 갈기 청총마 되어
와온 수평선 가로지르는
천년 학이 되리

뒤편

달의 뒤편에서 홀로 자라는 나무를 본 적이 있다
사전 속에서 새로운 말을 찾은 것처럼
호젓이 황홀한 날

홀로 익어가는 과일을 본 적이 있다
아무도 보지 않고 찾지 않는
어둠 속에서도 결코 포기하지 않는
동굴 속에 무수히 자라나는 포도나무

폭포수 아래 아무도 몰래
정좌하여 홀로 흠향하는
귀뚜리 섬약하게 울어대는
물방울 피리소리 들었던가 말았던가

잘새 달그늘 비음 속에서
물빛 넝쿨넝쿨 자라는
여우원숭이 물푸레나무

마음속 다락방에 품고

몰래 사랑에 빠진 적 있다

지극 황홀은 달의 뒤편에 자라고 있다는 걸

그때서야 비로소

몽고 반점

온갖 잡동사니 태워버리는 똥구멍
똥구멍이 떠오르고 있다
사람들은 해가 떴다고 환호성 울린다
똥구멍이 없으면 어떻게 똥을 눌까
똥구멍 막히면 입도 목구멍도 위도 소용 없다
위대한 위가 꽉 차서 아무것 못한다
간장도 쓸개도 대장 소장도 소용 없다
딱따구리가 아침공양으로 바쁘다
딱따그르 딱다그르륵

산책 가다 갑자기 똥 마려워
솔펑 그늘에 가만히,
해가 똥을 누는지
능선 위에 걸터앉았다
하늘의 똥구멍과 내 똥구멍이
끄덕끄덕 인사한다

다행히 오늘도 무사하구나
시원한 배 쓸어 안으며
내 손은 약손!
칡꽃 잎사귀로 밑을 닦는다
똥구멍이 퍼어런
몽고반으로 물들었을라나

하늘의 똥구멍은
해. 해. 해. 껄껄껄 웃는다
잘 했군
잘 했어
몽글몽글 퍼 오르는
칡꽃 푸른 향기 속에서

파도경

스스로 후려치고 채찍질하여
파도가 되었다
파도가 파도를 때려
마침내 하늘 끝 맞닿은 수평선이 되었다

수평선 지우고 지워
해를 낳고 달을 낳고
모래보다 더 많은
별을 낳았다

스스로 구부리고 굴복하여
미친 듯 노래하고 춤추다
꿈처럼 외로운
섬이 되었다

헤아릴 길 없는 산맥과 바람의 노래
푸른 지느러미의 춤을 거느린

빨주노초파남보 넘보라 산호섬
어디다 눈 두어도 다할 길 없는
등푸른 지구
어머니

변주

꽃에 사뿐 내려앉으면
화월花月이요
파도에 뛰어내리면
부서지는 파월波月이라
감나무 홍시를 탐하면
시월枾月이요

속눈썹을 서시처럼 홀기면
미월美月이라
술잔에서 춤추는
취월醉月이여

술잔도 달도 그림자도 더불어
적막을 흔드는
어디선가 짠하니 흐르는
애월 달기슭

자지러지는 애간장 속으로

침몰할꺼나

영원히 지지 않는

서천서역

바리데기 되어

손바닥

빈 손에 가득
무언의 메시지를 보았다
누가 손에 저토록 세심하게
약도를 새겨두었을까
삼거리 좀 더 내려가면 사거리
서러운 주름살 넘실거리고
강 건너 따라가면 계곡이
동굴이 나타나리라
동굴 금세 지나면
막다른 골목 끄트머리 허름한 오두막들
누군가 없어 그리울 때면
조용히 손 내밀어 두 손 맞잡아라
길과 길이 만나면
살가운 풍경이 넘실거리리라
손뼉치듯 두 손 꼭 붙인 채
후욱 숨을 불어넣으면
휘파람새 태어나리

소중한 선물이 되리
쓸쓸하고 외로운 날에는
손을 활짝 펼쳐라
가장 귀한 경전을 펼치듯
알알이 박힌 말씀 들어보아라
핸드폰도 티브이나 라디오도 끈 채

달

나는 지구에
지구는 나에게 달려있다
달은 지구에
지구는 달에게 달려있다

여자와 바다는
달에게 달려있다
달은
여자와 바다에게

나도
당신에게 달려있다
참
달…다

홍시

천둥 번갯불에
번쩍, 드러난
나의 부끄런 알몸처럼

무서리 광풍에 다 털려버린
감나무
홍시詩 하나 달고
오소소

따스하다
저 환한
불. 알.

무지개 詩

일곱 줄이 아니다
이 세상 모오든
색깔과 향기가 맛깔나게
풀어진
아리랑 춤사위

하늘 땅
바다
한바탕 합궁이다
색즉시공
공즉시색

아제아제 바라아제 바라승아제*
아제가
이 세상이다

가장 현묘한

여섯 줄 거문고
허공에 울고 있다

---

* 반야심경의 끝 부분 한 귀절.

언어

언어는 연어보다 작고 씩씩한 물고기
깊은 계곡에서 태어나
수평선 지나 머나먼 난바다로 갔다가
다시 맑고 시원한 고향으로 돌아오는 물고기
그 싱싱한 언어를 찾아
수많은 시인과 화가 음악가들이
천년 하늘 땅을 샅샅이 찾아 헤매지만
아무에게도 발견되지 않았다고 한다
어부도 낚시꾼도
그 희한한 물고기 낚으러
어제도 오늘도 바다와 호수를 찾아다녔지만
아무도 그 얼굴 모습과 색깔과 향기를 모른다
다만 그 언어라는 물고기 지느러미를 느껴본 자는
어린아이뿐
배고파 울 적에 제아무리 멀리 가 있는 어머니라도
안타까운 소리 찾아 냉큼 달려온다는 오묘한 물고기
그 물고기를 언젠가 잠깐 본 적이 있다

아무도 없는 캄캄한 밤

물고기자리 별자리로 떠서

물끄러미 내려다보는 젖은 눈썹을 본 적이 있다

언어는 새끼연어보다 물방울보다

더 은은하게 빛나는 신비로운 물고기

나의 입술에서 너의 하늘로 헤엄쳐가는

아무도 본 적 없는

풍경 소리 물고기

댕그렁

대앵

이깔에게

불볕에 수고하시는 이깔나무 아래
오줌을 부려놓는다
실배암처럼 소리 없이
사사삭 숨는 물방울 입자들
내가 그대 몸으로 스미듯
절로 저절로 번지는 저것이
과연 무엇?

저로코롬 애타는 매미들
울음소리 젖게 하겠지
멀리서 짝 부르는 멧비둘기
부리도 살짝 붉게 적시려나
땡볕 아래 말라가던 이깔나무
물푸레 잎새들도 금세
푸른빛으로 돌변하겠지

저 아래 약숫물

허공의 구름장도 잠시 짬짬이 쉬어가며
오줌발소리 엿듣다 가겠지
이제는 어디만큼 흐르고 있을까
온몸의 혈관을 휘휘 돌듯
지하여장군의 지느러미 사타릴 더듬다
실배암 환상통 같은
잃어버린 나래 적시다

혹은 두더지 동굴 속으로
혹은 노루오줌 발그레 첩지름한 꽃
찌렁내로
이깔나무 물푸레 실뿌리로 슬그머니
짐을 텅 부려 놓을랑가

방울방울 기포들이 회오리로 또아리 파문 지으며
저 아득한 개마고원
파미르 고원을 실배암처럼 타고 넘다

바이칼 파도소리 방짜징 지잉징 울다
은핫물 북극의 오로라
흩어지고 소멸된다는 것
내가 금세 초록 나무 푸른 잎새 사이
아래로 흘러가야 날아오를 수 있다는
오매불망 날개를 단다는 지하여장군의 비밀을

오줌방울 냉큼 내려 놓으며
어깻죽지 환상통을
수수천년 동굴의 냄새를
실로 오랜만에 웃어넘기는 것이렸다

석류

언젠가 쏘아 올린 우주선
바흐와 베에토벤 음악이
왜 높은음자리표로 맺혀 있다냐

길 가다 무심코 던진 물수제비
몇 번 통통 튀다
시야에서 아득히 멀어져 갔는데
저렇게 환한 종소리 되어
푸르스름한 적막을 깨뜨릴 줄이야

언젠가 내뱉은 한마디 말이
저렇게 낮은음자리표로 빛날지도 모른다
하늘에 그렁그렁 맺힌 별,
누군가 그리운 이에게 준 언약이
홍보석 스타카토로 맺혀 떠는지도 모른다

어디선가 잃어버렸던 푸른 구슬이
벌겋게 충혈되어
날 기다릴 줄이야

붓꽃

붓이
꽃이라네

지상과 은하를 잇는
별들이 숨어 있어

새가 노래하고
천둥 번개가 불. 불. 불

붓끝에 온 세상 비밀이
타오르고 있다네

■ 작품 해설

운명에의 순응과 승화 사이에서

송 기 한

(대전대 국어국문창작학과 교수)

나는 누구인가?

한때 우리 시단에는 자아란 무엇인가에 대해 진지하게 따져 물은 적이 있다. 자아를 둘러싼 환경이 위악적이고, 또 결코 무너지지 않을 듯한 거대한 성채들이 하나둘씩 무너져 내리면서 자아는 벌거숭이 상태가 되었다. 그리하여 '나는 누구인가'라는 물음들이 여기저기서 자연스럽게 던져지게 되었다. 그런 자아에 대한 물음과 회의들이 포스트모던 시대의 주된 담론이었거니와 그 회의의 여파는 아직도 지금 여기에 강력한 자장으로 남아있는 듯하다.

나병춘 시인은 1994년 계간 『시와 시학』 신인상을 받으며 문단에 발을 들여 놓게 된다. 여기서 구체적으로 시인이 등단한 시기를 언급한 이유는 시를 쓰기 시작한 이후, 아니 그 이전부터 시작에 관심을 기울인 시기가 '나'에 대한 서정적 물음들이 문단에 넘쳐나고 있었던 때라는 사실 때문이다. 소련 동구가 무너지고, 민주화 운동이 일단락됨으로써 거대 담론들이 서서히 퇴조하게 되고, 그 이면에 자리한 작은 서사들, 곧 자아의 문제들이 수면으로 떠오르게 된 것이 이 시기이다. 이때부터 자아에 대한 관심과 성찰이 문단의 주류로 떠오르게 되었는데, 그의 시세계들이 이런 문단의 흐름과 연결되는 것은 자연스러운 일일 것이다. 따라서 이번 시집의 주된 화두가 '자아에 대한 물음'이라는 점은 그 시사하는 바가 크다고 하겠다.

시인은 이번 시집 이외에도 몇 권의 시집을 묶어낸 적이 있다. 자연에 대한 깊은 정서와 소회를 읊어낸 시가 많은 부분을 점유하고 있긴 하지만, 시인은 자아에 대한 근본적인 물음들을 결코 소홀히 한 적이 없었다. 그러한 물음들은 이번 시집에도 크게 달라지지 않았을 뿐더러 오히려 좀 더 심오한 경지에까지 이르지 않았나 할 정도로 여기에 서정의 정열을 쏟아 붓고 있는 것이다. 그런 정열이 하나의 힘으로 응결되어 서정의 열매로 탄생한 것이 이번 시집 『쉿!』의 특색이다.

어떤 돌은
라니 눈동자 닮은 느낌표

   *어떤 돌은
   백로처럼 고갤 쑥 내밀고
   물음표로 앉아 있다
   어떤 돌은 가랑잎 같은 쉼표
   또 다른 돌은 말없음표,*

   *어떤 바위는 슈베르트의 겨울나그네 얼굴
   다른 놈은 비발디, 사뿐사뿐 손가락 건반이다
   아니 고 옆은 반 고흐의 붓
   파도처럼 박진감 넘쳐 춤추는 불꽃
   도대체 마음이란 요상한 돌은*

   *어디로 가는가
   이 뭐꼬?*

                            —「돌·2」전문

  인용시는 시집의 연작시들 가운데 '돌'을 소재로 한 작품이다. 연작시란 시인의 사유를 지속적으로 드러낼 수 있다는 점에서 시인들이 흔히 선호하는 작시법 가운데 하나이다. 따라서 '돌'을 소재로 한 연작시는 시인이 표백해낸 서정의 색채를 간취해낼 수 있다는 점에서 의미가 있는 경우라 하겠다.

  '돌'이 갖는 보편적 의미는 원만함이라든가 비정非情 등으로 구현된다. 우리는 그러한 시적 사유를 표명한 경우를 전봉건이나 유치환에서 찾을 수 있다. 전봉건은 전후의 상처를 돌의 원만함 속에서 치유하려 했고, 유치환은 자식을 잃은 슬픈 정서를 바위의 비정非情을 통해 초월하고자 했다. 나병춘이 '돌'의 이미지에서 얻고자 했던 것도 전봉건이나 유치환의 그것과 하등 다를 것이 없다. '돌' 속에 내재된 의미의 자락을 더듬어 들어가 거기에 내재된 심연을 자신의 자아와 굳건히 연결시키고자 했기 때문이다.

「돌·2」에서 그러한 돌의 의미들은 다양하게 변주된다. 가령, 어떤 돌은 "눈동자 닮은 느낌표"가 되기도 하고 "백로처럼 고갤 쑥 내밀고/ 물음표로 앉아 있"는가 하면, 또 어떤 돌은 "가랑잎 같은 쉼표"나 "말없음표"가 되기도 한다. 이런 돌의 변신에서 알 수 있는 것처럼, 이 작품에서 그것의 의미는 하나로 석화되어 있지 않을뿐더러, 그 지시대상이 분명히 드러나 있다. 이는 돌이 지향하는 방향성이 뚜렷하다는 뜻일 텐데, 그러나 자신을 대리하는 돌, 곧 "마음이라는 요상한 돌"은 전혀 그렇지가 않다. 지시어와 지시대상이 어긋나 있는데, '마음이란 요상한 돌', 다시 말해 자아는 그 방향성을 상실한 채 "어디로 가는지" 알 수가 없는 상태로 구현되고 있는 것이다.

> 침묵 속에
> 고여 흐르는
> 하늘과 땅 바람소리
> 햇살과 달빛 별빛이
> 하나로 응결된

강물
심연에
환한 어둠
결코 스러지지 않는 별자리

탐방 탐방 통통거리며
물결이 몰래 눈물처럼 휘감다
딱 멎은 그 자리
천년 바위 올연한 자세
누가 이 후미진 곳에
버러두었을까

한때는 사랑
처절한 절망
그리움이었을

산양처럼
외로운 나여

―「돌·5」전문

「돌·2」에서 던져진 자아에 대한 질문은 「돌·5」에 이르면 좀 더 구체적인 모습을 띠고 우리 앞에 다가온다. 이 작품에서 그것은 두 가지 의미로 표상된다. 하나는 유치환이 「바위」에서 펼쳐 보인 돌의 모습이다. 「바위」에서 돌은 오랜 세월동안 안으로만 단련된, 그리하여 정서의 발산과는 거리가 먼 비정非情으로 인유된다. 「돌·5」에서의 '돌' 역시 유치환의 그것과 유사하다. 여기서 돌은 한때는 사랑이었고, 한때는 처절한 절망과 그리움의 결정체였지만 지금은 그 모든 것을 뒤로 하고, 절벽 아래 후미진 곳에 버려진 채 방기되어 있다. 온갖 감정과 정서의 무게로부터 벗어나 외따로 고립된 채 자기의 존재성을 드러내고 있는 것이다.

  그러나, 외부와 고립된 채 비정의 사물로 존재화된 돌은 마지막 연에 이르게 되면, 자아와 겹쳐지면서 존재의 변이를 새로이 하게 된다. '외로운 나'로 새롭게 탄생하는 것이다. 「돌·2」에서의 돌이 방향성을 상실한 채 떠도는 것이라면, 「돌·5」에서의 그것은 외로움이라는 정서로 착색한 채 고정된 모습을 보이게 된다. 하지만 이런 존재의 전이가 시인이 추구하는 자아의 구경적 모습은 아닐 것이다. 시인은 여전히 '나'는 누구인가 혹은 '자아'의 방향성에 대해 가열찬 탐색을 지속하고 있기 때문이다. 돌에 기투된 자아의 모습이 마지막 여정이 아니기에 이를 향한 열정은 계속 나아가고 있는 것이다.

      허공에 떠가면
      달이다
      땅에 떨어지면
      돌이다

      돌. 돌. 돌. 구르는 소리
      달 굴러가는 소리
      딱, 소리가 멈추면

침묵의 돌

달은 허공을 환히 비추어
희망을 노래하고
땅바닥에 옴짝달싹할 수 없는 돌은
절망을 되새긴다

나는 달 속에 숨은
텅 빈 절망을 찾아
돌 속에 가만히 구르는
소리의 희망을 찾아

오늘도
새벽을 홀로 달린다
달리므로 나는 달
딱, 멈추어 뒤돌아보면
나는 돌

돌과 달 사이
그 아득한 거리를
헤매는 중이다

―「돌과 달」 전문

 이 작품은 달과 돌의 존재론적 변이를 통해서 자아를 탐색한 가편의 시이다. 일반적인 관점에서 달은 천상적인 것을, 돌은 지상적인 것을 상징하는데 이 작품에서도 이런 의미화들은 여전히 유효하다. 그리고 전자가 희망으로, 후자가 절망으로 의미화 되는 것도 동일한 경우이다. 희망과 절망이 교차하는 것이 인생의 진리임을 감안하면, 시인이 설정한 이런 구도는 지극히 자연스러워 보인다.

시인은 이런 양극단에서 자아의 본질을 향한 교묘한 줄타기를 시도한다. 마치 불교의 윤회를 연상할 수 있는 듯한 의미의 전복을 통해서 자아의 모습을 탐색해 들어가는 것이다. 시인은 여기서도 하나의 대상에 의미를 고정시키지 않는다. 거기에 숨겨진 또 다른 의미를 거듭해서 찾아들어가기 때문이다. 이런 행위를 두고 세밀함이라든가 철저함과 같은 생리적인 차원에서 그 의미를 부여할 수도 있겠지만, 중요한 것은 시인의 자아탐색이 그만큼 치열하다는 뜻이 될 것이다. 시인은 희망과 절망을 경험하고 이를 수용하거나 거부하는 등의 피드백을 거듭 거듭 한다. 즉 "돌과 달 사이/ 그 아득한 거리를 헤매면서" 숨겨진 자아를 찾아서 서정의 정열을 쏟아 붓고 있는 것이다. '나'는 누구인지 쉽게 알 수 있는 것이 아니기에, '자아'는 어떤 형상을 하고 있는 것인지 알 수 없는 것이기에 말이다.

운명에의 순응

희망과 절망 사이에서 시인은 끊임없는 줄타기를 시도해 왔다. '나는 누구인가'에 대한 회의와 질문을 던지면서 시인은 뚜벅뚜벅 걸어온 것이다. 이런 모색의 과정에서 먼저 발견한 것은 어떤 형이상학적인 관념이 아니다. 시인은 아주 평범한 데서 일상의 진리를 탐색해냈기 때문이다. 그러나 그가 발견한 진리가 평범하다고 해서 그것이 시인의 사유와 정비례 관계에 놓인다는 뜻은 아니다. 경우에 따라서 일상의 진리란 아주 심오한 형이상학의 한 단면을 보여줄 수도 있기 때문이다.

> 감당 못할 마그마
> 활화산 같은
> 성난 맹수의 포효 같은
> 아득히 밀려드는
> 광풍의 해일 같은
> 아무도 어쩌지 못할
> 운명,
> 오도 가도 못할
> 아모르 파티*
>
> 뚜벅뚜벅 걸어가리
> 낙타처럼
> 용감무쌍하게 맞으리
> 무소의 뿔처럼
> 기쁘게 맞이하리
> 철부지 아이처럼
>
> 운명아

어서 오너라
아모르 파티

* 아모르 파티Amor Fati : 니체가 말한 '운명愛'.

―「아모르 파티 · 2」 전문

운명을 사랑한다는 것은 자기애의 궁극적인 표현일 것이다. 자아에 대한 거침없는 탐색과 모색의 과정에서 시인이 마주한 자아의 모습이란 이처럼 '아모르 파티'였다. 아모르 파티란 시인의 설명에 의하면 니체가 말한 운명애運命愛라고 한다. 운명을 사랑할 수 있다는 것은 자기 자신에 대한 사랑 없이는 불가능한 정서이다. 시인의 운명애가 남다른 것은 자아를 향한 애정의 정서가 그만큼 강렬하다는 뜻일 것이다.

그러나 운명이라고 쉽게 말할 수 있어도 그것은 결코 순탄하거나 평온한 것은 아니다. 그것은 시인의 표현대로 "감당 못할 마그마"이며 "활화산 같은 성난 맹수의 포효"같은 '광풍'과도 같은 것이기 때문이다. 운명 속에 내재된 이런 난폭성이야말로 인간의 괴로운 숙명일 것이다. 그러한 운명이 인간을 존재론적 고독이나 소외에 놓이게 하는 것이기 때문에 이로부터 자유로운 사람은 아무도 없을 것이다.

인간에게 있어 그러한 운명을 우회하거나 거부하는 방법이 경우에 따라서는 올바른 삶의 조건일지도 모른다. 신을 찾아가거나 샤머니즘에 기대는 행위는 그러한 운명을 우회하는 존재론적인 몸부림 가운데 하나일 것이다. 그러나 시인은 이를 신의 영역이나 샤머니즘의 영역과 교환하지 않는다. 그는 이를 순전히 자신의 몫으로 받아들이고 있기 때문이다. 운명을 극복하고자 하는 서정의 샘들은 여기서 길러진다. 거기서 뿜어지는 샘의 물결을 시인은 온전히 받아들인다. 그리하여 낙타처럼 뚜벅뚜벅 걸어가거나 무소의 뿔처럼 용감무쌍하게 맞아들인다.

나병춘 시인은 운명을 회피하지 않고 이를 순순히 받아들이려고 했다. 비록 그것이 삶의 외피를 벗겨내는 아픈 것이라 해도 우회하지 않고, 이에 순응하려고 한 것이다. 이 얼마나 기막힌 달관의 자세인가. 그런 태도가 있기에 서정적 자아는 더 이상 스스로를 갱신하거나 그 모습을 새롭게 그리려 하지 않는다. 운명 자체가 곧 자아의 본질이었기 때문이다.

> 나비는 사랑이다
> 사랑을 찾아 눈 먼 자이다
> 그의 앞길 막을 자
> 누구던가
>
> 꽃밭에 이슬도 채 마르기 전
> 꽃술 속으로 스며든다
> 이슬방울보다
> 바람보다
> 먼저

나비는 '첫'이다
나비는 먼저이다
아무도 틈타기 전에
꽃에게 엎드려 고백해야 하리라

바람이 훔쳐가버릴 향기를
엄청난 수억 년 꽃가루를
훔쳐가야 나비이다
운명을 사랑하는 자

나비를 교과서로 삼아라
그 일거수일투족에 목을 매거라
황금빛 왕오색나비 떼
물결 속으로 침투한다

스파이 중의 스파이
우주의 핵, 클리토리스를 훔치는
저 날갯짓을 보아라
아무도 못 말리는 춤사위
멈출 때를 아는
미학주의자

과유불급
아닌 것은 아닌 것이다
메멘토 모리
죽을 때도 흔적 없이
바람 속으로 날아간다

—「아모르 파티·4」 전문

순응의 자세는 거부의 몸짓과는 거리가 있을 것이다. 시인은 운명을 사랑하고 이를 자연스럽게 받아들이고자 했기에 물길을 거슬러 올라가는 자세를 취하지 않는다. 여기서 수용과 긍정이라는 시인만의 독특한 서정 미학이 나온다. 실상 나병춘 시인의 작품에서 대상에 대한 부정의 정서나 반담론의 세계를 찾아보기가 쉽지 않은 것은 이와 밀접한 관련이 있을 것이다.

「아모르 파티·4」를 이끄는 정서는 「아모르 파티·2」의 연장선에 놓인다. 「아모르 파티·2」에서 펼쳐지는 운명에 대한 사랑의 정서는 「아모르 파티·4」에서도 그대로 이어지고 있기 때문이다. 그러나 「아모르 파티·4」에서는 그 방향성이 좀 더 구체적으로 드러나 있는데, 여기서는 운명을 단지 사랑하고 있다는 선언에서 그치고 있지 않기 때문이다.

그 방향이 곧 본능의 세계이다. 익히 알려진 대로 본능은 이성이나 초자아의 간섭을 받지 않는 영역이다. 지금 여기에서 감각하는 대로 움직이면 되는 것이 이 영역의 특색이다. 이를 두고 자연스러움이라 할 수 있다면, 그것은 시인이 순응하고자 했던 운명의 노선과 하등 다를 것이 없다. 실제로 시인의 작품을 꼼꼼히 읽어가다 보면, 운명을 대하는 자세와 본능의 영역은 교묘히 일치하는 것처럼 보인다. 그리고 이런 음역들은 모두 포스트모더니즘에서 흔히 볼 수 있는 의장들이라는 점에서 주목을 요하는 경우이다. 그렇다고 나병춘의 시들을 포스트모더니즘 속에 편입시켜 논의하는 것은 적절하지 않다. 이 사조가 지향하는 형식 미학을 이 시인의 작품 세계에서 찾아보는 것은 쉽지 않은 까닭이다. 그럼에도 나병춘의 작품에서 그러한 세계를 포착해내는 것도 어려운 일이 아니다. '나'란 무엇인가에 대한 질문이 그러하고, 본능의 정서에 충실한 그의 미학이 또한 그러하지 않은가. 그리고 언어의 순수 본질에 다가가고자 하는 그의 언어관(「언어」) 또한 여기서 멀리 벗어나 있는 것이 아니기 때문이다.

> 먼지들 보이지도 않는
> 저것들이 끌어당긴다
> 나비도 벌도 옹애도
> 그 손에서 벗어날 수 없다
>
> 저 보이지 않는 손길에
> 나도 머뭇
> 머뭇거리며 탐한다
> 단 한번 본 적 없는
> 들은 적도 없는
> 알 수 없는 꽃에 끌려서
> 그 빛나는 결정체를 찾아서
>
> 오늘 내일 언제까지
> 찾아 댕길 건가
> 그 무욕한 먼지
> 아무도 가질 수 없는

허무의 알 수 없는 무게
그 빛깔 그 향기에 끌려서

나는 향수*의 주인공이 되고
나비가 되고 말았네
먼지의 황홀에 젖어
나도 먼지가 되었네
아무도 알 수 없는
누구도 볼 수 없는

* 파트리크 쥐스킨트의 '향수'.
―「아모르 파티 · 6」 전문

  시인은 운명을 사랑하고 순리를 사랑한다. 그 사랑을 향한 열정이 서정의 길을 만들어내고, 그것이 詩 정신을 형성하게끔 한다. 그리고 그러한 계기적 질서나 시간적 흐름에 대한 이해의 정서들은 시인의 주관을 초월하는 곳에서도 확인된다. 가령,「아모르 파티 · 7」이 그러하다. 이 작품 속에 묘사된 대상들은 시인의 주관 속에서 새롭게 탄생하는 것이 아니다. 그것은 기왕에 있었던 것이고, 시인의 정서와는 무관하게 선험적으로 만들어진 세계이다. 그의 시세계에서 인식 주관의 세계와 그 밖의 세계는 이렇듯 나란히 간다. 서로의 간섭을 배제하면서 선험적 시간으로 구성되고 있는 것이다.
  이런 흐름은「아모르 파티 · 6」에서 그대로 구현된다. 서정적 자아는 보이지 않는 힘들에 의해서 이끌려지게 되는데, 서정적 자아뿐만 아니라 "나비도 벌도 응애도 그 손에서 벗어날 수 없"을 정도로 그 자장은 강력하다. 그런데 이런 역동성 속에서 서정적 자아는 일방적으로 끌려가지만은 않는다. "저 보이지 않는 손길에/ 나도 머뭇/ 머뭇거리며 탐하는" 주체적 모습으로 변신하기 때문이다. 그런 능동성이 곧 본능의 영역일 것이다. 시인이 '향수'의 내음에 이끌려 들어가는 것도 이와 밀접한 관련이 있다. 향수란 가장 강력한 마취력과 흡입력을 갖고 있다는 점에서 그러하다.

시원의 언어와 우주의 이법

시인의 시쓰기는 일차적으로 자아란 무엇인가를 탐색하는 데 놓여 있다고 하겠다. 그리고 그 도정에서 그는 운명을 발견하고 그것에 순응하는 자세를 취해왔다. 하지만 시인은 운명에 순응하되 그것에 전적으로 맡긴 것은 아니다. 그는 운명을 사랑하되 거기서 존재의 의미, 삶의 의미를 찾아가고 있기 때문이다. 시를 쓰는 것은 그러한 의미를 간취해내고 거기에 존재의 의의를 부여하는 일과도 같은 것이다. 그렇기에 시쓰기는 어떤 목적을 이루기 위한 수단이기도 하지만 이에 이르는 도정이기도 한 것이다.

농부가 쟁기를 가는 것은

들판에 주름을 만드는 일이다
이랴 이랴!
고요 속에 퍼지는 파장
소의 큰 귀가 펄렁거리며 땀방울 쏟을 때
밭에도 부드러운 귓바퀴가 돋아난다

주름과 주름들이 멀리 멀리
파장을 이어가
먼 지평선과 맞닿을 때
농부와 소는 너무 멀리 온 것을
깨닫고
붉은 종소리 해그림자 밟으며
천천히 되돌아온다

내가 백지에 글자를 심는 일도
이랑에 씨앗을 뿌리는 일이다
행간과 행간 사이 새로운 입술을 만들어 속삭이면
들판에 쟁기를 가는 소처럼
주름들이 메아리치기 시작한다
새로운 눈과 귀가 생기고
난데없는 파도가 일어나고
먹구름이 북동쪽으로 미끌어지더니
뜬금없는 소낙비가 좍좍 긋는다

삶은 끊임없이 주름살을 만드는 것
들판에 죽죽 그어지는 살이랑들
백지에 아롱거리는 피어린 눈물방울들

이마에 주름지듯 바람결에 일어섰다
낌새도 없이 스러진다
꿈꾸는 이랑이랑
천지현황 우주홍황* 주름살들
금강에 살어리랏다

* 천자문 첫머리 인용.

—「주름살」 전문

  시인은 자신의 시쓰기를 농부가 쟁기를 가는 일로 비유했다. 쟁기를 가는 일은 들판에 주름을 만드는 일이다. 그 주름 속에 농부의 노동이 들어가고 결국에는 새로운 생산이 예비된다. 그러한 일은 시쓰기와도 동일한 작업이라고 본다. 시인이 "백지에 글자를 심는 일도/ 이랑에 씨앗을 뿌리는 일"로 보기 때문이다. 그리하여 농부의 일과 시인의 시쓰기는 여기서 완벽하게 겹쳐진다.

  시인이 만들어낸 주름 속에는 삶의 그늘이 녹아들어가 있다. 세월이 흐를수록 그러한 주름들은 더욱 많아질 것이고 또 깊이 패일 것이다. 그 속에는 '피어린 눈물방울'도 있을 것이고, 거친 '바람결'도 있을 것이다. 그러나 이 주름이 서정적 고뇌만으로 한정된다고 볼 수는 없을 것이다. 거기에는 "새로운 눈과 귀가 생기고", '먹구름'과 '소나기'가 오는 생산의 공간도 만들어지기 때문이다.

  시인은 시를 통해서 끊임없이 삶의 주름을 일구어낸다. 새로운 자아를 정립하기도 하고 운명에 순응하기도 한다.

뿐만 아니라 본능에 충실한 자아 또한 발견하기도 한다. 시인은 그러한 과정을 주름을 만드는 일로 비유했다. 주름이 삶의 다층성과 분리될 수 없다는 점에서 그의 그러한 작업은 매우 의미있는 것이었다고 하겠다.

    비움은 쉼을 낳고
    밥을 낳고
    잠을 낳고
    그 모오든 들숨을 낳으니
    만병통치의 조상이며
    새끼들이며
    잎사귀이며
    줄기 뿌리이다
    또한 생노병사의 열쇠이며
    평화의 지름길이며
    자유의 징검다리
    삶의 지극한 오르가즘이니
    그대여
    맘껏 비움과 채움을 누리시라

    꼴림과
    끌림의 무지막지한
    천상의 떨림이여
    울림이여
    열림이여
    어울림들이여

영원히 부활하라
생명의 알파벳 가나다라
평화의 복된 니르바나여
황홀한 무지개 나라여

밀물 썰물의
아득한 합궁이여
그곳에서
해가 뜨고 달이 뜨고
별나라가 펼쳐지나니
마음껏 놀고 배우고
꿈꾸며 사랑하라
우리가 할 일은
사랑과 또 쾌락
감사할 일
그 뿐인 것을

아라바자나
디디디디 디디디디디*

* '말하는 그대로 다 이루어진다'는 금강경의 주문.
―「아모르 파티 · 5」 전문

이 작품은 운명에 순응하는 자세를 표명한 '아모르' 연작시 가운데 하나이다. 이 작품의 기저에 깔려 있는 사유도 운명을 대하는 시인의 자세와 별반 다를 것이 없다. 여기서도 운명은 거역할 수 없는 절대 성채로 구현되고 있기 때문이다. 그럼에도 이 작품은 앞의 경우와 다른 면을 갖고 있는데, 성찰의 윤리가 그 배경으로 깔려 있다는 점에서 그러하다.

운명에 순응하고 본능의 자연스러움을 한껏 강조했던 서정의 자세는 「아모르 파티·5」에 이르면, 이제 전연 다른 양상으로 바뀌게 된다. 이른바 '비움'의 미학이라는 형이상학이 등장하는 것이다. '비움'이란 '채움'의 상대어인데, 그것이 지향하는 정서의 폭과 넓이는 매우 다르다. 전자가 윤리적 성찰을 수반하는 것이라면, 후자는 이와 정반대의 경우에 놓이는 것이기 때문이다. 우선 윤리는 본능의 영역과 반대되는 자리에 놓인다. 시인은 운명과 본능을 동일한 차원에 놓고 이를 자연스럽게 수용하고자 했다. 그것이 운명애였는데, 그러나 그러한 감각은 「아모르 파티·5」에 이르면 현저하게 바뀌게 된다. '비움'이라는 윤리적 실천이 있어야 비로소 생산의 단계에 이를 수가 있다고 시인은 판단하고 있는 까닭이다. 이런 정서의 변이는 매우 중요한데, 욕망의 감옥 속에서는 결코 생산이라든가 존재의 완성이란 불가능하기 때문이다. 이를 두고 시적 성숙이나 존재의 긍정적 변이라고 할 수 있다면, 운명에 순응하고자 했던 시인의 시적 작업은 이제 새로운 단계를 맞이했다고 볼 수 있을 것이다.

> 언어는 연어보다 작고 씩씩한 물고기
> 깊은 계곡에서 태어나
> 수평선 지나 머나먼 난바다로 갔다가

다시 맑고 시원한 고향으로 돌아오는 물고기
그 싱싱한 언어를 찾아
수많은 시인과 화가 음악가들이
천년 하늘 땅을 샅샅이 찾아 헤매지만
아무에게도 발견되지 않았다고 한다
어부도 낚시꾼도
그 희한한 물고기 낚으러
어제도 오늘도 바다와 호수를 찾아다녔지만
아무도 그 얼굴 모습과 색깔과 향기를 모른다
다만 그 언어라는 물고기 지느러미를 느껴본 자는
어린아이뿐
배고파 울 적에 제아무리 멀리 가 있는 어머니라도
안타까운 소리 찾아 냉큼 달려온다는 오묘한 물고기
그 물고기를 언젠가 잠깐 본 적이 있다
아무도 없는 캄캄한 밤
물고기자리 별자리로 떠서
물끄러미 내려다보는 젖은 눈썹을 본 적이 있다
언어는 새끼연어보다 물방울보다
더 은은하게 빛나는 신비로운 물고기
나의 입술에서 너의 하늘로 헤엄쳐가는
아무도 본 적 없는
풍경 소리 물고기
댕그렁
대앵

—「언어」 전문

이 작품을 꼼꼼히 읽게 되면 시인이 이번 시집에서 지향하는 바가 무엇인지 분명하게 알게 된다. 바로 시원의 언어, 근원의 언어관이다. 그 언어란 태초의 언어, 곧 에덴동산의 언어이자 하느님의 언어와도 같은 것이다. 언어가 오염되었다고 생각될 때, 그 안티 담론으로 생각하는 것이 바로 이 언어의 감각이다. 이 언어는 순수하고 절대 無의 세계이다. 시인은 그러한 언어를 연어에 비유했고, 자신은 이를 낚는 어부로 비유했다. 구도자라는 서정의 정열을 그대로 보여주고 있는 것이다.

이 작품에서도 언어는 태초의 언어로 구현된다. 연어가 모천을 찾아 회귀하듯 이 언어 또한 그러하다는 것이다. 수많은 시인과 화가 등이 이 언어를 찾으려 하지만 끝내 발견하지 못한다. 아니 할 수 없는 것이 아닐까 한다. 만약 발견할 수 있다면, 시적 고뇌나 서정의 열정이 곧바로 식어버릴 수밖에 없는 것이기에 그러하다. 어떻든 시인은 그런 시원의 언어를 찾아 여타의 시인이나 화가처럼 머나먼 여정을 떠난다. 그러나 그 언어에 이르는 길은 만만치가 않다. 그 도정은 현실 세계가 아니라 환상 세계에서나 가능할 뿐이기 때문이다. 그렇지만 시인은 결코 포기하지 않는다. 아무도 본 적이 없는 물고기, 그 시원의 언어를 찾아서 계속 나아가야 하기 때문이다. 그것이 나병춘 시인에게 시의 존재이유이자 시쓰기의 근본 목적이라 할 수 있다.

절대 순수 언어를 향해 나아가는 시인의 자세는 자아를 성찰하고자 했던 열정과 분리되는 것은 아니다. '내'가 누구인가를 묻는 것이라든가 본능에의 침윤, 그리고 절대 순수 언어란 모두 거대 서사의 붕괴와 밀접히 연결되어 있는 것이기에 그러하다. 언어는 때가 묻었다는 것, 자아는 거대 서사에 갇혀있다는 것, 그리고 이성의 억압 하에 놓인 본능이라는 것이 포스트모던이 지양 극복해야 하는 사유들이다. 그런데 이런 면들은 자연에 대한 긍정성과도 밀접히 연결되어 있다는 점에서 주목을 요하는 것이라 할 수 있다.

> 능선 위에
> 영원이 누워 있다
> 어둠이 누워 있다
> 별들이 내려와 눕는다
> 영원 밖에
> 아무것도 없는 모래언덕,
>
> 영원은 영 원,
> 제로다
> 돈이 필요 없는
> 삶과 죽음이 없는
> 너와 내가 없는
> 절대 허무
> 동그라미
>
> 0원으로 누워서
> 공짜로 공기를 마신다
> 공짜로 별과 달을 마신다

내일 아침엔
공짜로 해가 뜰 것이다
영원인 것은 늘 0원이다

소소리바람처럼
그 바람에 휩쓸려 날아오르는
독수리처럼
단지 그곳에서 노래하고 춤추리라
―「고비·7」 전문

 인용시 역시 이번 시집의 연작시 가운데 하나이다. 그만큼 시인의 사유를 잘 이해할 수 있는 작품이라 할 수 있는데, 여기에 함의된 의미는 자연에 대한 외경심이다. 자연이란 이법이고 질서이며 영원 그 자체이다. 불구화된 인간의 의식에 통일적 질서를 부여하는 것 가운데 하나가 자연의 내포적 의미일 것이다.
 영원을 '영 원'이란 담론으로 치환한 것이 이채롭고 또 의미심장하다. '영 원'과 '제로'가 될 때, 인간은 비로소 욕망의 노예로부터 자유로운 것이 아닌가. 이를 절대적으로 수용한 채 서정적 자아는 자연 속에 몰입하여 그것과 하나가 되고자 한다. "공짜로 공기를 마시며", "공짜로 별과 달도 마" 시려 든다. 뿐만 아니라 "내일 아침 해도 공짜로 뜰 것"이라고 예단한다. 모든 가치와 소유를 내려놓은 채 모두가 빈 세상, 공짜인 세상에서 하나가 되고자 하는 것이다. 그 세상이 욕망으로부터 해방되는 곳이고, 시원의 언어를 만날 수 있는 장소가 아닐까 한다.

　이건 비밀인데요

　봄이 날 품었다
　알 수 없는 통증이
　쓰나미로 밀려와 메아리쳤다

　몸에서 새치름히 새싹이 돋아났다
　한참 후 붉은 꽃이 피었다

　봄이 씨익
　웃는다

　　　　　　　　　　　　　　　　―「쉿!」 전문

　시인은 이런 언어가 지배하는 세상을 비밀의 영역으로 남겨두고자 했다. 그러나 그것은 굳이 비밀일 필요도 없다. 누구나 알 수 있는 뻔한 진리를 우리는 기꺼이 빈 여백으로 남겨왔을 뿐이기 때문이다. 어떻든 시인이 꿈꾸는 세상은 이런 자연스러움의 세계이다. 봄이 와서 서정적 자아를 품고, 서정적 자아는 그에 자연스럽게 반응하는 일이면 족한 경우이다. 이런 세계가 자연의 질서, 우주의 이법이 고스란히 재연되는 세계가 아닐까. 자아를 탐색하고 운명에 순응하며, 본능을 받아들인 시인이 나아간 공간이란 바로 이런 곳이다. 시원의 언어를 찾아서, 우주의 이법을 찾아서 시인이 도달한

곳은 이렇듯 아름다운 자연의 질서였던 것이다. 그 먼 길을 돌아서 이제 시인은 이 공간에 오래 깃들고자 한다. 그리고 거기서 분열된 자아에 통일성을 주려 한다. 그것이 그가 그토록 찾았던 "붉은 과녁"(「시인의 말」)이 아닐까 한다.

시인 나병춘

1956년 전남 장성 출생.
공주사범대(불문학), 경희대학교(경영학석사), 충북대학교(산림치유학박사, 수료)에서 공부.
1994년 『시와시학』 신인상으로 등단.
고교 국어교과서 『우리말 우리글』(2002, 도서출판나라말)에 「호박」 수록
시집으로 『새가 되는 연습』(2005, 도서출판우리글) 『하루』(2006, 도서출판우리글) 『어린왕자의 기억들』(2008, 『시학』) 및 시선집으로 『자작나무 피아노』(2019, 『시선』) 등이 있음.
論文: 『80년대 한국교사운동에 관한 연구』(경영학 석사), 『집단따돌림 예방에 관한 연구』(교육학 석사)
월간 『우리詩』 편집주간 및 『한국작가회의 양주지부』 회장 역임.
현재 숲에서 산림치유사(숲해설가)로 활동하면서, 문학 SNS 『詩和評시인학교』 교장으로 봉사 중임.

E-mail : namoowa@naver.com

한국의 서정시 131
쉿!

지은이 | 나병춘
펴낸이 | 안제인리
펴낸곳 | 도서출판 시와시학
1판1쇄 | 2019년 8월 15일
등록번호 | 제300-2016호
주소 | 서울 종로구 혜화로 3가길 4(명륜1가)
전화 | 02-744-0110
FAX | 02-3672-2674
전자우편. sihak1991@hanmail.net
값 9,000원
ISBN 979-11-87451-66-2 03810

* 이 책의 판권은 지은이와 도서출판 시와 시학에 있습니다.
양측의 서면 동의 없는 무단 전재 및 복제를 금합니다.
* 이 도서의 국립중앙도서관 출판예정도서목록(CIP)은 서지정보유통지원시스템 홈페이지(https://seoji.nl.go.kr)와 국가자료공동목록시스템(http://www.nl.go.kr/kolisnet)에서 이용하실 수 있습니다. (CIP제어번호: CIP2019030588)